# BEI GRIN MACHT SICH IHR WISSEN BEZAHLT

**Bibliografische Information der Deutschen Nationalbibliothek:**

Die Deutsche Bibliothek verzeichnet diese Publikation in der Deutschen National-bibliografie; detaillierte bibliografische Daten sind im Internet über http://dnb.d-nb.de/ abrufbar.

**Impressum:**

Copyright © 2019 GRIN Verlag
Druck und Bindung: Books on Demand GmbH, Norderstedt Germany
ISBN: 9783346158680

**Dieses Buch bei GRIN:**

https://www.grin.com/document/511496

Christoph Kuhl

# Trainingslehre. Beweglichkeits- und Koordinationstraining

## Erstellung eines Trainingsplans für einen 20-jährigen Mann

GRIN Verlag

**GRIN - Your knowledge has value**

Der GRIN Verlag publiziert seit 1998 wissenschaftliche Arbeiten von Studenten, Hochschullehrern und anderen Akademikern als eBook und gedrucktes Buch. Die Verlagswebsite www.grin.com ist die ideale Plattform zur Veröffentlichung von Hausarbeiten, Abschlussarbeiten, wissenschaftlichen Aufsätzen, Dissertationen und Fachbüchern.

**Besuchen Sie uns im Internet:**

http://www.grin.com/

http://www.facebook.com/grincom

http://www.twitter.com/grin_com

Deutsche Hochschule für

Prävention und Gesundheitsmanagement

# Einsendeaufgabe

## Trainingslehre III

## Fitnessökonomie

Christoph Kuhl

# Inhaltsverzeichnis

# 1 Personendaten

## 1.1 Allgemeine und biometrische Daten

In Tabelle 1 werden in einem Eingangsgespräch die biometrischen Daten des Kunden erfasst. Diese dienen als Grundlage für die spätere Trainingsplanung.

Tabelle 1: Biometrische Daten des Kunden

| | |
|---|---|
| Alter | 20 |
| Geschlecht | Männlich |
| Körpergröße | 190cm |
| Gewicht | 85kg |
| Trainingsmotive | Leichte Nackenverspannungen nach langer Arbeit lösen<br><br>Verbesserte Haltung |
| Beruf | Verwaltungsfachangestellter |
| Aktuelle und frühere sportliche Aktivität | 2x pro Woche Fussballtraining (90min) und ein Fussballspiel am Wochenende |
| Leistungsstufe | durchschnittlich |
| Zeitlicher Verfügungsrahmen | 3x pro Woche, 30-40 Minuten |
| Ärztliche Behandlung | Keine |
| Orthopädische und internistische Probleme | Keine |
| Medikamenteneinnahme | Keine |
| Sonstige gesundheitliche Einschränkungen | Keine |

## 1.2 Bewertung der Anamnese Daten

Unter Hilfe der oben zusammengefassten biometrischen und gesundheitlichen Werten der Person kann die Belastbarkeit im Training bewertet werden. Ausgehend von allen Diagnosewerten, welche in Tabelle 1 zusammengefasst wurden, gibt es keine Risiken, die für eine Einschränkung im Training sprechen würden. Der Kunde befindet sich in keiner ärztlichen Behandlung, nimmt keine Medikamente ein und es liegen keine orthopädischen oder internistischen Probleme vor.

Somit ist der Kunde in der Lage ein Training ohne Einschränkungen durchzuführen.

## 2 Beweglichkeitstestung

### 2.1 Testausführung

Um ein sinnvoll aufgebautes Trainingsprogramm für den Kunden zu erstellen muss vorher eine Testung durchgeführt werden, welche die Beweglichkeit des Kunden zum aktuellen Zeitpunkt misst. Beweglichkeit wird definiert „als die Fähigkeit, Bewegungen willkürlich und gezielt mit der erforderlichen bzw. optimalen Schwingungsweite der beteiligten Gelenke ausführen zu können" (Martin et al., 1993, S.214).

Ein wissenschaftlich anerkanntes Messverfahren zur Beurteilung der Beweglichkeit ist das Messverfahren nach Janda (2000). Ziel dieses Multifunktionstestverfahrens ist es, Schwächen in der Muskulatur und Defizite in der Beweglichkeit aufzudecken.

Für die Beurteilung der Beweglichkeit des Kunden wird eine vereinfachte Form der Multifunktionsdiagnostik nach Janda durchgeführt. Hierbei werden fünf Muskelgruppen manuell getestet. Die genaue Durchführung wird in der Tabelle aufgelistet.

Tabelle 2: Bewegungstest nach Janda

| Getestete Muskulatur | Ausführung der Übung | Testauswertung nach Janda |
|---|---|---|
| Brustmuskulatur (M. Pectoralis major) | Der Proband liegt in Rückenlage auf der Bank. Der Thorax ist durch leichten Zug durch den Tester in diagonaler Richtung von der zu testenden Seite weg fixiert. Der getestete Arm ist im Schultergelenk abduziert und außenrotiert, sowie um 90° im Ellenbogen gebeugt. Bei der Ausführung muss darauf geachtet werden, dass die Lendenwirbelsäule und das Becken nicht abheben können und auf der Bank fixiert sind. Es wird die Position des Oberarms zur Horizontalen gemessen. | Stufe 0: Keine Beweglichkeitsdefizite; Oberarm erreicht die Horizontale; durch leichten Druck des Testers kann Oberarm unter die Horizontale bewegt werden. Stufe 1: Leichte Beweglichkeitsdefizite; Oberarm erreicht die Horizontale nicht; durch leichten Druck des Testers kann Oberarm bis zur Horizontale bewegt werden. Stufe 2: Deutliche Beweglichkeitsdefizite; Oberarm erreicht Horizontale auch durch Druck des Testes nicht. |
| Hüftbeugemuskulatur (speziell M. iliopsoas) | Der Kunde liegt in Rückenlage auf der Bank. Die Beine sind im Überhang. Der Kunde zieht ein Bein angewinkelt maximal weit an den Körper heran. Das andere Bein bleibt während des Tests im Überhang. Becken und Lendenwirbelsäule bleiben fixiert auf der Bank abgelegt. Gemessen wird die Position des Oberschenkels im Verhältnis zur Körperlängstachse. | Stufe 0: Keine Beweglichkeitsdefizite; Unterschenkel hängt senkrecht herab; durch leichten Druck des Testers ist es möglich, die Kniebeugung zu vergrößern. Stufe 1: Leichte Beweglichkeitsdefizite; Unterschenkel ist leicht nach vorne ge- streckt; durch leichten Druck des Testers ist es möglich, einen 90° Kniebeugewinkel zu erreichen. Stufe 2: Deutliche Beweglichkeitsdefizite; Unterschenkel ist deutlich nach vorne gestreckt; auch durch Druck des Testers wird der 90° Kniebeugewinkel nicht erreicht. |

| | | |
|---|---|---|
| Kniestreckmuskulatur (speziell M. rectus femoris) | Der Kunde liegt in Rückenlage auf der Bank. Ein Bein wird durch den Kunden angewinkelt an den Körper herangezogen. Das Gegenbein wird durch den Tester in maximal möglicher Hüftextension fixiert. Anschließend wird dieses Bein durch den Tester in einen maximal möglichen Kniebeugewinkel geführt. Gemessen wird der Winkel zwischen Ober- und Unterschenkel. Becken und Lendenwirbelsäule müssen den gesamten Test über auf der Bank fixiert werden, um den Test nicht zu verfälschen. | Stufe 0:<br>Keine Beweglichkeitsdefizite; Oberschenkel erreicht Horizontale; durch leichten Druck des Testers kann der Oberschenkel unter die Horizontale bewegt werden.<br><br>Stufe 1:<br>Leichte Beweglichkeitsdefizite; leichte Hüftbeugestellung; durch leichten Druck des Testers kann Oberschenkel bis zur Horizontale bewegt werden.<br>Stufe 2:<br>Deutliche Beweglichkeitsdefizite; Oberschenkel erreicht Horizontale auch durch Druck des Testers nicht. |
| Kniebeugemuskulatur (Mm. Ischiocrurales) | Die Testperson liegt in Rückenlage auf der Bank. Das nicht getestete Bein ist im Hüft- und Kniegelenk gebeugt. Das getestete Bein ist durchgestreckt und wird in die maximale Hüftflexion geführt. Als Messbereich gilt der Winkel zwischen Beinachse und Longitudinalachse. Becken und Lendenwirbelsäule müssen den gesamten Test über auf der Bank fixiert werden, um den Test nicht zu verfälschen. | Stufe 0:<br>Keine Beweglichkeitsdefizite; die Flexion im Hüftgelenk ist im Ausmaß von 90° möglich.<br>Stufe 1:<br>Leichte Beweglichkeitsdefizite; die Flexion im Hüftgelenk ist bis zwischen 80-90° möglich.<br>Stufe 2:<br>Deutliche Beweglichkeitsdefizite; die Flexion im Hüftgelenk ist nur unter 80° möglich. |
| Wadenmuskulatur (Mm. triceps surae) | Die Testperson liegt in Rückenlage auf der Behandlungsliege. Das zu testende Bein ist gestreckt. Mit einer Hand fasst der Tester das Bein distal am Fersenbein. Die andere Hand greift den Fuß von der Fußaußenkante her. Vom Therapeuten wird ein Zug an der Ferse distalwärts ausgeführt. Mit dem Daumen der ande- | Stufe 0:<br>Keine Beweglichkeitsdefizite; eine Dorsalextension ist mindestens bis zur 0° Stellung möglich (90° zwischen Fuß und Unterschenkel).<br>Stufe 1:<br>Leichte Beweglichkeitsdefizite; die 0° Stellung wird nicht erreicht; eine Dorsalextension ist |

6

| | |
|---|---|
| ren Hand lenkt der Tester den den Vorfuß mit leichten Druck Richtung Schienbein hin. Gemessen wird die größtmögliche Dorsalexten-sion. Um den M. scoleus isoliert zu testen, wird nach erreichen der maximalen Dorsalextension das Kniege-lenk gebeugt und der Tester versucht das Ausmaß der Bewegung zu vergrößern. | aber möglich.<br><br>Stufe 2:<br><br>Deutliche Beweglichkeitsdefizi-te; eine Dorsalextension ist nur bis 10° unterhalb der 0° Stel-lung möglich. |

## 2.2 Testauswertung

Nachfolgend werden die Ergebnisse des Kunden tabellarisch dargestellt.

Tabelle 3: Testauswertung

| Getesteter Muskel | Rechte Seite | Linke Seite |
|---|---|---|
| M. Pectoralis major | Stufe 1 | Stufe 1 |
| M. iliopsoas | Stufe 1 | Stufe 1 |
| M. rectus femoris | Stufe 0 | Stufe 0 |
| Ischiocrurales | Stufe 0 | Stufe 0 |
| triceps surae | Stufe 0 | Stufe 0 |

## 2.3 Bewertung der Testergebnisse

Ausgehend von der beruflichen Tätigkeit des Kunden, bei der er lange Zeiten ohne Un-terbrechungen vor dem Schreibtisch sitzt, lassen sich Einschränkungen in der Beweg-lichkeit vermuten, welche durch den Beweglichkeitstest bestätigt wurden.

Durch die durchgeführte Testung der Beweglichkeit nach Janda konnten leichte Beweg-lichkeitsdefizite in der Brustmuskulatur ( hier: M. pectoralis major) festgestellt werden. Sowohl links wie auch rechts konnte der Oberarm nur mit Hilfe des Testers in die Hori-zontale gebracht werden. Durch gezielte Dehnübungen soll hier die Beweglichkeit ver-bessert werden, so dass der Kunde keine Defizite in der Beweglichkeit aufweist.

Ebenfalls konnten leichte Beweglichkeitsdefizite in der hüftbeugenden Muskulatur (hier M. iliopsoas) festgestellt werden. Es war erst unter Hilfe des Testers möglich einen Kniebeugewinkel von 90° zu erreichen. Die Probleme konnten auf beiden Seiten beo-

bachtet werden. Bei der Testung der kniestreckenden Muskulatur konnten keine Beweg-
lichkeitsdefizite festgestellt werden. Des weiteren konnten weder bei der Kniebeugen-
den Muskulatur (Mm. Ischiocrurales), noch bei der Wadenmuskulatur (Mm. triceps
surae) Beweglichkeitsdefizite festgestellt werden.

Durch das dauerhafte Sitzen ist die Gelenkamplitude im Schulter- und Hüftgelenk leicht
eingeschränkt.

Langfristig kann dies zu einer Einschränkung der Beweglichkeit der Brust- oder der
Hüftbeugemuskulatur führen. Um dies zu verhindern wird für den Kunden ein Trai-
ningsplan entwickelt, welcher verstärkt diese Defizite verringern soll. Des weiteren
werden Dehnübungen als präventive Maßnahme aufgezeigt, um Defiziten vorzubeugen.

## 3 Trainingsplanung Beweglichkeitstraining

### 3.1 Dehnprogramm

In der nachfolgenden Tabelle werden alle Dehnübungen für den Kunden innerhalb sei-
nes Dehnprogramms beschrieben.

Tabelle 4 Dehnprogramm für den Kunden (eigene Darstellung)

| Zielmuskulatur | Methode | Ausführungsbeschreibung |
|---|---|---|
| M. trapezius, pars descendens<br><br>M. levator scapulae | Form: aktiv/passiv<br><br>Arbeitsweise: statisch | - Im aufrechten Stand wird der Kopf nach hinten zu einem Doppelkinn gezogen.<br>- Auf einer Seite drückt die Hand in Richtung Boden.<br>- Der Kopf wird zur entgegengesetzten Seite geneigt<br>- Durch einen leichten Druck mit der Hand in die Richtung des Kopfes kann die Dehnung verstärkt werden<br>- Diese Position wird statisch gehalten, nach der vorgegebenen Zeit wird die Übung in die andere Richtung wiederholt. |
| M. deltoideus pars spinata<br><br>M. trapezius pars transversa<br><br>Mm. rhomboidei | Form: aktiv<br><br>Arbeitsweise: statisch | - Das Ellenbogengelenk wird um 90° gebeugt<br>- Nun wird der Oberarm auf Schulterhöhe an die Brust gedrückt.<br>- Der zweite Arm unterstützt diese Bewegung, in dem er auf Ellenbogenhöhe Druck auf den Oberarm aufbaut.<br>- Diese Position wird statisch gehalten, nach der vorgegebenen Zeit wird die Übung mit dem anderen Arm wiederholt. |

| M. pectoralis Major | Form: passiv<br><br>Arbeitsweise: postisometrisch | - Die Person sitzt aufrecht auf einer Gymnastikmatte, der Trainer steht hinter der Person<br>- Beide Arme sind im Schultergelenk um 90° abduziert<br>- Die Arme werden vor dem Körper ausgestreckt, beide Daumen zeigen nach außen.<br>- Der Trainer greift an die Handinnenflächen der Person und zieht die ausgestreckten Arme nun leicht zu sich heran, bis ein Dehnreiz in der Brustmuskulatur der Testperson entsteht.<br><br>- In dieser Position wird die Brustmuskulatur 15 Sekunden isometrisch durch ein leichtes drücken der Testperson gegen die Hände des Trainers gedehnt<br>- Danach wird die Muskulatur für 5 Sekunden entspannt und anschließend für 15 Sekunden stärker nach hinten gezogen, sodass ein starker Dehnreiz entsteht |
|---|---|---|
| M. pectoralis major<br>M. deltoideus pars clavicularis<br>M. biceps brachii | Form aktiv<br><br>Arbeitsweise: dynamisch | - Im aufrechten Stand greifen beide Hände bei ausgestreckten Armen hinter dem Rücken ineinander<br>- Bauch und Gesäß sind angespannt.<br>- Nun werden die Hände am Rücken entlang langsam nach oben gezogen, der Blick ist nach vorne gerichtet.<br>- Diese Bewegung wird für die vorgegebene Anzahl an Wiederholungen wiederholt. |
| Mm. erector spinae | Form aktiv<br><br>Arbeitsweise: dynamisch | - Die Testperson begibt sich auf einer Gymnastikmatte in den Vierfüßlerstand<br>- Die Bauchmuskulatur wird angespannt und der Kunde erzeugt eine Wölbung in der Wirbelsäule<br>- Anschließend löst er die Spannung in der Bauchmuskulatur |
| M. gluteus maximus<br>M. gluteus medius<br>M. gluteus minimus<br>M. piriformis | Form: passiv<br><br>Arbeitsweise: statisch | - Die Testperson sitzt auf einer Gymnastikmatte, beide Füße sind nach vorne ausgestreckt<br>- Nun wird ein Fuß an die Außenseite des anderen Beines auf Kniegelenkhöhe gestellt, im Kniegelenk des gestellten Beines findet eine Flexion statt<br>- Das gebeugte Bein wird nun unter Hilfe des Armes, welcher am Kniegelenk greift, an den Körper herangezogen<br>- Diese Position wird für die vorgeschriebene Zeit gehalten, anschließend wird die Seite gewechselt und die Übung wiederholt |
| M. iliopsos | Form passiv | - Auf einer Gymnastikmatte wird aus dem Knie- |

| | | |
|---|---|---|
| | Arbeitsweise: statisch | stand heraus ein Bein nach vorne gestellt (für einen bessern Halt können die Hände auf dem vorderen Knie abgestützt werden)<br>- Becken und Oberkörper werden nun leicht nach vorne geschoben, somit entsteht eine Extension im Hüftgelenk<br>- Diese Übung wird für die vorgegebene Zeit gehalten, anschließend wird die Seite gewechselt und die Übung wiederholt |
| M. iliopsoas | Form passiv<br><br>Arbeitsweise: dynamisch | - Auf einer Gymnastikmatte wird aus dem Kniestand heraus ein Bein nach vorne gestellt (für einen bessern Halt können die Hände auf dem vorderen Knie abgestützt werden)<br>- Becken und Oberkörper werden nun leicht nach vorne geschoben, und zurückgeholt<br>- Diese Übung wird für jede Seite mehrfach dynamisch ausgeführt |
| M. quadriceps femoris | Form: passiv<br><br>Arbeitsweise: statisch | - Die Testperson steht aufrecht auf einem festen Untergrund<br>- Bauch und Gesäß werden angespannt, eine Bein wird an das Gesäß herangezogen, die Hüfte wird leicht nach innen gekippt<br>- Eine Hand greift zur Verstärkung der Dehnung an den Knöchel und zieht die Ferse zum Gesäß<br>- Die Knie sind während der Übung aneinander<br>- Diese Position wird für die vorgeschrieben Zeit gehalten, anschließend wird die Seite gewechselt und die Übung wiederholt<br>- Sollte die Person die Übung aus Gleichgewichtsgründen nicht bewältigen können, kann die Übung auch in Seitenlage auf einer Gymnastikmatte ausgeführt werden. |
| M. biceps femoris<br><br>M. semtendiosus<br>M. semimembranosus | Form: passiv<br><br>Arbeitsweise: statisch | - Auf einer Gymnastikmatte wird im Kniestand das zu dehnende Bein nach vorne ausgestreckt, die Ferse liegt auf der Matte<br>- Der Oberkörper wird leicht vorgebeugt<br>- Diese Position wird für die vorgeschrieben Zeit gehalten, anschließend wird die Seite gewechselt und die Übung wiederholt |
| M. soleus<br>M. gastocnemius | Form aktiv/passiv<br><br>Arbeitsweise: statisch | - Die Testperson steht im Ausfallschritt auf einem stabilem Untergrund<br>- Beide Füße stehen fest auf dem Boden<br>- Nun wird das Körpergewicht soweit nach vorne verlagert bis eine deutliche Dehnung in der hinteren Wadenmuskulatur entsteht. Wichtig ist hierbei dass die Ferse auf dem Boden bleibt.<br>- Diese Übung wird für die vorgegebene Zeit gehalten, anschließend wird die Seite gewechselt und die Übung wiederholt |

## 3.2 Beschreibung/ Begründung des Dehnprogramms

Das Dehnprogramm des Kunden orientiert sich an den im Anamnesegespräch erfassten Zielen des Kunden und am vorausgegangenen Beweglichkeitstest. Der Kunde hatte leichte Defizite in der Brust- und der Hüftbeugemuskulatur. Da von dem Kunden jedoch keine Probleme oder Schmerzen im Alltag angegeben wurden, soll eine Verbesserung dieser Defizite präventiv vorbeugend sein. Sowohl die Anzahl an Trainingseinheiten pro Woche, als auch die Serienzahl pro Dehnübungen orientieren sich an dem zeitlichen Verfügungsrahmen des Kunden. Dieser gab an, drei mal pro Woche ca. 30 – 40 Minuten Zeit für ein Dehnprogramm zu haben. Dies stellt eine Durchführung des Trainings nach dem Minimalprogramm dar. Bei Trainingsbeginnern reicht dieses Volumen aus, um die Beweglichkeit zu steigern und zu verbessern (Rancour, Holmes & Cipriani, 2009). Sollte der Kunde jedoch öfters in der Woche Zeit haben sollte er dieses Programm auch häufiger absolvieren. Da unser Kunde als Anfänger eingestuft werden kann, ist diese Organisationsform des Trainings anfangs ausreichend, um eine Verbesserung zu erzielen. Ein Belastungsgefüge, welches unter dem Minimalprogramm liegt, würde wahrscheinlich auch für einen Anfänger keinen Fortschritt erzielen (Franco, Signorelli, Trajano & De Oliveira, 2008).

Bei allen statisch ausgeführten Dehnübungen soll die vorgegebene Dehnung für 45 Sekunden gehalten werden.

Eine längere Dehndauer bringt keine signifikanten Verbesserungen (Schönthaler & Ohlendorf, 2002). Bei dynamischen Dehnübungen lassen sich keine wissenschaftlichen Studien finden und es gibt nur wenige Empfehlungen. Als Empfehlung werden dem Kunden 15 Wiederholungen pro Satz gegeben. Eine Reizdauer, ähnlich wie beim statischen Dehnen kann nicht konform verwendet werden (Freiwald, 2004). Da der Kunde keinerlei Einschränkungen oder Probleme mit sich bringt, kann ein Training mit hoher Intensität angesetzt werden. Diese hohe Intensität im Dehnungstraining führt kurzfristig zu statisch signifikant besseren Ergebnissen in der Bewegungsreichweite (Marschall, 1999). Ähnliche Ergebnisse lieferten auch Schönthaler & Ohlendorf, 2002.

Da der Kunde angab, nach längerer Arbeit am Schreibtisch Verspannungen im Nacken zu spüren, wird hierfür eine Dehnübung für den oberen Teil des Trapezmuskels und den Schulterblattheber aufgezeigt. Diese kann sowohl aktiv, wie auch passiv mit Unterstützung der Hand durchgeführt werden. Des weiteren wird für die hintere Schultermuskulatur eine Dehnübung durchgeführt, die den hinteren Deltamuskel (M. deltoideus pars spinata), sowie den mittleren Trapezmuskel (M. trapezius pars transversa) dehnen soll. Die nachfolgenden Übungen beziehen sich beide auf den M. pectoralis major. Im Beweglichkeitstest wurden hier Defizite festgestellt, welche vermutlich durch den einseitigen sitzenden Berufsalltag des Kunden hervorgerufen worden sind. Hier soll präventiv die Muskulatur gedehnt werden, um die Defizite auszugleichen. Präventiv deshalb, weil der Kunde angab, noch keine Probleme zu verspüren. Aufgrund des Defizites sollen hier 2 Übungen durchgeführt werden. Die erste Übung wird mit Hilfe eines Trainers postisometrisch durchgeführt, die zweite soll durch eine dynamische Arbeitsweise durchgeführt werden. Konkrete Empfehlungen, welche Zielgruppe durch welche Arbeitsweise den größtmöglichen Erfolg erreicht, können nach Oliver et al. (2008, S.247) nicht gegeben werden. Somit gibt es keine wissenschaftliche Zuordnung von Dehnmethode und Zielgruppe und jede Zielgruppe kann mit jeder Dehnmethode Erfolg haben. Um Probleme im Lendenwirbelsäulenbereich vorzubeugen, welche der Kunde durch seine sitzende Tätigkeit bekommen könnte, wurde eine Übung zur Stärkung der autochthonen Rückenmuskulatur in das Trainingsprogramm aufgenommen. Die sich daran anschließenden Übungen dehnen beide den M. iliopsoas. Auch hier wurden im Beweglichkeitstest leichte Defizite festgestellt. Beide Übungen unterscheiden sich lediglich in ihrer Ausführung. So wird die erste statisch und die zweite Übung dynamisch ausgeführt. Die anschließenden Übungen dehnen einmal die kniestreckende Muskulatur (M. quadriceps femoris), und die zweite Übung die Kniebeugende Muskulatur

(M. biceps femoris, M. semintendiosus, M. semimembranosus). Da der Kunde keinerlei Probleme im Eingangsgespräch nannte und der Beweglichkeitstest ebenfalls keine Defizite aufzeigte sollen diese Übungen präventiv ergänzend durchgeführt werden. Abgeschlossen wird das Dehnprogramm durch eine Dehnübung für die Wadenmuskulatur. Auch diese Übung soll in erster Linie präventiv vorbeugen.


Zusammenfassend lässt sich sagen, dass für alle Muskel-Gelenk Systeme verschiedene Dehnübungen gewählt wurden. Die meisten Übungen können alleine durchgeführt werden und der Schwierigkeitsgrad ist nicht zu hoch. Somit sollten hier keine Probleme für einen Anfänger entstehen. Die Übungen laufen entlang des Körpers von vom Oberkörper zum Unterkörper.

# 4 Trainingsplanung Koordinationstraining

## 4.1 Koordinationsprogramm

Nachfolgend wird das Dehnprogramm des Kunden tabellarisch aufgeführt und be-schrieben.

Tabelle 5: Koordinationstrainingsplanung (eigene Darstellung)

| Nr. | Hilfsmittel | Beschreibung |
|---|---|---|
| 1 | Keine | - Der Kunde steht mit beiden Beinen aufrecht und hüft-breit auseinander auf einem stabilen Untergrund. Mit ge-öffneten Augen verlagert er nun sein Körpergewicht nach vorne, hinten, rechts und links. |
| 2 | Keine | - Der Kunde steht mit beiden Beinen aufrecht und hüft-breit auseinander auf einem stabilen Untergrund mit dem sog. kurzen Fuß. Mit geschlossenen Augen verlagert er nun sein Körpergewicht nach vorne, hinten, rechts und links. |
| 3 | Keine | - Der Kunde steht mit beiden Beinen aufrecht und hüft-breit auseinander mit dem sog. kurzen Fuß.. Die Augen sind geschlossen. Ein Trainer übt nun leicht Impulse auf den Kunden aus und versucht diesen aus dem Gleichge-wicht zu bringen. Der Kunde versucht, diese Impulse aus-zugleichen. |
| 4 | Keine | - Der Kunde steht aufrecht auf einem festen Untergrund mit kurzen Fuß. Er hebt ein Bein, bis das Knie auf Höhe der Hüfte ist. Nach der vorgeschriebenen Dauer wird die Seite gewechselt und die Übung wiederholt. |
| 5 | 2 Kegel | - Der Kunde steht seitlich zu zwei vorher aufgestellten Kegeln. Beide Kegel haben einen Abstand von einer Ke-gellänge. Der Kunde kreist nun mit einem Fuß eine „8" um die Kegel, ohne diese zu berühren. Nach der vorgegeben Wiederholungszahl wird die Seite gewechselt und die Übung wiederholt. |
| 6 | 2 Kegel | - Der Kunde wiederholt Aufgabe 5. Die Augen sind in Übung sechs geschlossen. |
| 7 | 1 Wackelbrett | - Der Kunde steht aufrecht auf einem Wackelbrett. Er hebt ein Bein, bis das Knie auf Höhe der Hüfte ist. Das Gleich-gewicht soll für die vorgeschriebenen Dauer gehalten werden, anschließend wird die Seite gewechselt und die Übung wiederholt. |
| 8 | 1 Wackelbrett 1 Ball | - Der Kunde steht mit beiden Beinen aufrecht und hüft-breit auseinander auf einem Wackelbrett. Ein Trainer wirft diesem nun ein Ball auf unterschiedlichen Höhen zu. Die-ser Ball soll vom Kunden gefangen und sauber zum Trai- |

13

| | | |
|---|---|---|
| | | ner zurückgeworfen werden. |
| 9 | 1 Wackelbrett | - Der Kunde steht mit beiden Beinen aufrecht und hüftbreit auseinander auf einem Wackelbrett. Der Kunde führt nun eine Kniebeuge mit geöffneten Augen durch. Die Übung wird für die vorgegebene Wiederholungszahl wiederholt. |
| 10 | 1 Wackelbrett | - Der Kunde steht mit beiden Beinen aufrecht und hüftbreit auseinander auf einem Wackelbrett. Der Kunde führt nun eine Kniebeuge mit geschlossenen Augen durch. Die Übung wird für die vorgegebene Wiederholungszahl wiederholt. |

## 4.2 Beschreibung/ Begründung des Koordinationsprogramms

Mit Hilfe des Koordinationstraining, in Form eines Gleichgewichtstrainings, soll die Sensomotorik des Kunden trainiert werden. Da der Kunde bislang nicht trainiert hat und im Anamnese Gespräch angab, leichte Defizite in der Gleichgewichtshaltung zu haben, kann davon ausgegangen werden, hier eine Person ohne große Vorkenntnisse und Trainingserfahrung zu haben. Das Gleichgewicht spielt insbesondere im Alltag eine hohe Rolle und sollte nicht vernachlässigt werden. Zur Prävention und Verhinderung einer möglichen Sturzgefahr sollen konzentrationsbeanspruchende Aktivitäten ausgeübt werden, welche zeitgleich eine hohe Anforderung an Bewusstsein und Kontrolle des Körpers darstellen (Heinimann&Kressig, 2014).

In der Planung des Koordinationstrainings soll der Kunde mit der Grobkoordination starten, die Bewegungsmuster erlernen und verinnerlichen. Im weiteren Verlauf soll die Feinkoordination trainiert und gestärkt werden.

Eine klare Abgrenzung zwischen Grob- und Feinkoordination gibt es nicht, so dass diese beiden Prozesse fließend ineinander übergehen (Schnabel, 2007, S.163).

Die Übungen wurden unter Beachtung der didaktischen Prinzipien, vom leichten und einfachen zu schweren und komplexen Übungen ausgewählt. Da der Kunde zuvor noch nie eine Koordinationstraining absolviert hat, soll er durch leichtere Übungen ein Gefühl für seinen Körper und die Übungen entwickeln. Für die ersten sechs Übungen startet der Kunde auf einem stabilem Untergrund. Die Übungen steigern sich mit unter Zunahme von Hilfsmitteln (in diesem Fall Kegel), oder durch das Schließen der Augen von Einfach zu Schwer (methodisch-dydaktisch). Anschließend wird die Ausführung weiter erschwert. Hierzu wird der stabile Untergrund zu einem instabileren, wackligen Untergrund getauscht. Die vier abschließenden Übungen werden alle auf dem Wackelkissen ausgeführt. Dabei ist das Niveau und die Anforderungen an den Kunden immer weiter steigend. Die Auswahl der Geräte fiel auf das Wackelkissen, da hierbei das zentrale Nervensystem gefordert wird. Der Kunde lernt, Ausweichbewegungen während der Übung möglichst gering zu halten (Bertram & Laube, 2008, S.2). Alle Übungen des Koordinationsplans sollen mit 3 Sätzen durchgeführt werden. Zwischen den Sätzen hat der Kunde eine Pause von 30 Sekunden. Die Belastungsdauer pro Übung sollte 15 Sekunden nicht überschreiten, da die Muskelaktivität bei Übungen auf einem Bein auf einem propriozeptiven Gerät stark abfällt (Dohm-Acker, Spitzenpfeil & Hartmann, 2008, S.52-57). Diese Belastungsdauer soll einheitlich für alle Übungen übernommen werden.

Da es kaum wissenschaftliche Arbeiten gibt, welche Aufschluss über die ideale Häufigkeit eines Koordinationstrainings pro Woche gibt, der Kunde jedoch angab, drei mal pro Woche für bis zu 60 Minuten Zeit zu haben, sollte das Koordinationstraining zusammen mit dem Beweglichkeitstraining absolviert werden. Hier wird jedoch die klare Empfehlung an den Kunden gegeben, dass Koordinationstraining immer vor dem Gleichgewichtstraining durchzuführen, da dieses immer im ausgeruhten Zustand absolviert werden sollte.

## 5    Literaturrecherche

Tabelle 6: Bestehen nach 15 singulären Dehnungen bei kurzfristige Betrachtung Unterschiede zwischen der direkten und der indirekten Eigendehnung und der indirekten Fremddehnung im Hinblick auf die mittlere Ausprägung der Bewegungsreichweite, der Zugkraft und der Muskelaktivität? (Glück, Schwarz, Hoffmann, Wydra, 2002)

| | |
|---|---|
| Wer hat die Studien durchgeführt? | S. Glück, M. Schwarz, U. Hoffmann, G. Wydra |
| In welchem Jahr wurden die Studien publiziert? | 2002 |
| Welche Forschungsfrage wurde untersucht? | Bestehen nach 15 singulären Dehnungen bei kurzfristige Betrachtung Unterschiede zwischen der direkten und der indirekten Eigendehnung und der indirekten Fremddehnung im Hinblick auf die mittlere Ausprägung der Bewegungsreichweite, der Zugkraft und der Muskelaktivität? |
| Mit welchen Versuchspersonen wurde die Studie durchgeführt? | An der Untersuchung nahmen 27 Sportstudenten teil. Auschlusskriterien waren Studenten, welche Sportarten mit einem überduchschnittlich hohen Beweglichkeitsanteil betrieben. Es wurden 16 männliche-, und 11 weibliche Studenten untersucht. Die Versuchspersonen waren im Schnitt $24,8 \pm 1,7$ Jahre alt, $171,3 \pm 7,7$ cm groß, und $67,6 \pm 9,6$ kg schwer. |

| | |
|---|---|
| Wie sah der Versuchs-aufbau der Studie aus? | Die Probanden wurden zufällig in drei Gruppen aufgeteilt und führten zur Überprüfung der Dehnfähigkeit der ischiocruralen Muskeln drei standardisierte Testformen durch. In der ersten Woche fand eine Eingewöhnung an die Übungen statt. Nach einer anschließenden einwöchigen Pause startete die eigentliche Testphase über einen Zeitraum von 3 Wochen. Im ersten Test führten die Probanden eine indirekte Eigendehnung durch selbstständiges Dehnen über einen Seilzug durch. Beim zweiten Test führten die Probanden eine indirekte Eigendehnung durch selbstständiges Bedienen eines Elektromotors. Im dritten Test steuerte der Testleiter über einen Elektromotor die indirekte Fremddehnung. |
| Ergebnisse und Schluss-folgerungen | Mittelwerte für die maximale Bewegungsreichweite aller drei Testgruppen:<br><br>Direkte Eigendehnung:<br>$110,7° \pm 12,5°$<br>Indirekte Eigendehnung:<br>$105,7° \pm 12,2°$<br>Indirekte Fremddehnung:<br>$105,4° \pm 12,2$<br><br>Zwischen direkter Eigendehnung und indirekter Eigendehnung und zwischen direkter Eigendehnung und indirekter Eigendehnung konnten hochsignifikante Unterschiede festgestellt werden. Schlussfolgerungen der Studie sind insbesondere der Nachweis, dass eine direkte Eigendehnung die hochsignifikant größte Bewegungsreichweite aufweist. |

Tab. 7 Studie: Wie beeinflussen unterschiedliche Dehnintensitäten kurzfristig die Veränderung der Bewegungsreichweite? (Marshall, 1999)

| Wer hat die Studien durchgeführt? | F. Marshall |
|---|---|
| In welchem Jahr wurden die Studien publiziert? | 1999 |
| Welche Forschungsfrage wurde untersucht? | Wie beeinflussen unterschiedliche Dehnintensitäten kurzfristig die Veränderung der Bewegungsreichweite? |
| Mit welchen Versuchspersonen wurde die Studie durchgeführt? | An der Studie nahmen 21 Versuchspersonen teil. (9 Frauen und 12 Männer; Alter 24,8 ± 3,4 Jahre; Gewicht: 66,6 ± 11,0kg; Größe: 172,9 ± 8,5cm) |
| Wie sah der Versuchsaufbau der Studie aus? | Die Versuchspersonen wurden nach einem Eingewöhnungstest zufällig in die Gruppe „weiches Dehnen" und „maximales Dehnen" eingeteilt. Nach einer Erwärmung der ischiocruralen Muskulatur auf einem Fahrradergometer und einem Vortest der Kniegelenkbeugung wurde die maximale Dehnung erfasst. Unter Hilfe einer elektronischen Steuerung wird die maximale Dehnposition für unter zwei Sekunden gehalten. Es folgen 15 Beugungen aus der 0°Beugung. Anschließend wurde die maximale Dehnintensität erneut gemessen |

Ergebnisse und Schlussfolgerungen

Die Studie lieferte folgende Ergebnisse:

| Dehnintensität | Weiches Dehnen | Maximales Dehnen |
|---|---|---|
| 1 Wdh. | 65,33° | 95,04° |
| 5 Wdh. | 63,76° | 96,81° |
| 10 Wdh. | 64,62° | 99,62° |
| 15 Wdh. | 65,76° | 101,29° |

Beide Dehnintensitäten zeigen kurzfristige Besserungen der Bewegungsweite. Beim maximalem Dehnen wurden jedoch signifikant bessere Ergebnisse festgestellt.

# 6    Literaturverzeichnis

Bertram, A. M. & Laube, Wolfgang (2008). *Sensomotorische Koordination: Gleichgewichtstraining auf einem Kreisel.* Stuttgart: Georg Thieme Verlag KG.

Dohm-Acker, M., Spitzenpfeil, P. & Hartmann, U. (2008). Auswirkung propriozeptiver Trainingsgeräte auf beteiligte Muskulatur im Einbeinstand. *Sportverletzt Sportschaden, 22* (1), S. 52-57. Zugriff am 24.11.2019. Verfügbar unter https://www.iat.uni-leipzig.de/datenbanken/iks/ta/Record/4014319

Franco, B. L., Signorelli, G. R., Trajano, G. S. & De Oliveira, C. (2008). Acute effects of dif ferent stretching exercises on muscular endurance. Journal of Strength and Conditioning Research, 22 (6), 1832–1837.

Freiwald, J. (2004). Dehnen – Legenden, Fakten. Vortrag, Waldenburg.

Glück, S., Schwarz, M., Hoffman, U., Wydra, G. (2002). Bewegungsreichweite, Zug kraft und Muskelaktivität bei eigen- bzw. fremdregulierter Dehnung. Range of motion, tranction force and muscle activity in self- and external-regulated stret ching. *Deutsche Zeitschrift für Sportmedizin, 53 (3), 66-71.*

Heinimann, N. B. & Kressig, R. W. (2014). Stürze im Alter. *Praxis, 103* (13), S. 767-773. Zugriff am 27.11.2019 Verfügbar unter https://econtent.hogrefe.com/doi/abs/10.1024/1661-8157/a001693? journalCode=prx

Janda, V. (2000). *Manuelle Muskelfunktionsdiagnostik* (4. Aufl.). München: Urban und Fischer.

Marschall, F. (1999). Wie beeinflussen unterschiedliche Dehnintensitäten kurzfristig die Veränderung der Bewegungsreichweite? Deutsche Zeitschrift für Sportmedizin, 50 (1), 5–9.

Martin, D., Carl, K. & Lehnertz, K. (1993). *Handbuch Trainingslehre* (2. Aufl.). Schorndorf: Hofmann.

Olivier, N., Marschall, F. & Büsch, D. (2008). Grundlagen der Trainingswissenschaft und  -lehre. Schorndorf: Hofmann.

Rancour, J., Holmes, C. F. & Cipriani, D. J. (2009). The effects of intermittent stretching following a 4-week static stretching protocol: a randomized trial. Journal of strength and conditioning research / National Strength & Conditioning Association, 23 (8), 2217–2222.

Schnabel, G. (2007). Bewegungskoordination als regulation der Bewegungstätigkeit. In K. Meinel, G. Schnabel & J. Krug (Hrsg.), Bewegungslehre – Sportmotorik. Abriss einer Theorie der sportlichen Motorik unter pädagogischem Aspekt (11. Aufl., S. 28– 71). Aachen: Meyer & Meyer.

Schnabel, G., Krug, J. & Panzer, S. (2007). Motorisches Lernen. In K. Meinel, G. Schnabel & J. Krug (Hrsg.), Bewegungslehre – Sportmotorik. Abriss einer Theorie der sport- lichen Motorik unter pädagogischem Aspekt (11. Aufl., S. 144– 211). Aachen: Meyer & Meyer.

Schönthaler, S. R. & Ohlendorf, K. (2002). Biomechanische und neurophysiologische Veränderungen nach ein- und mehrfach seriellem passiv-statischem Beweglichkeitstraining (Wissenschaftliche Berichte und Materialien / Bundesinstitut für Sportwissenschaft, 1. Aufl.). Köln: Sport und Buch Strauß.

# 7 Tabellenverzeichnis

19